WEEGEE

Naked New York

WEEGEE
Naked New York

Mit einem Text von

John Coplans

SCHIRMER/MOSEL
MÜNCHEN · PARIS · LONDON

Aus dem Amerikanischen übersetzt von Mark W. Rien

Die Deutsche Bibliothek – CIP-Einheitsaufnahme
Weegee: Naked New York/Weegee.
Mit einem Text von John Coplans. –
München; Paris; London: Schirmer/Mosel, 1997
ISBN 3-88814-850-2
NE: Coplans, John [Mitarb.]

Lithos: Nova Concept, Berlin
Satz: Typograph, München
Printed by EBS, Verona

Eine Schirmer/Mosel Produktion
ISBN 3-88814-850-2

Programminformation Internet: http://www.schirmer-mosel.de

Weegee – Der Berühmte

Weegee war ein Photograph mit unverwechselbarem Stil und unverwechselbarer Persönlichkeit, der ein eindrucksvolles Werk hinterließ. Gleichwohl macht es dieser Einzelgänger den Photographen, die heute als ernsthafte Künstler gelten, schwer, ihn anzuerkennen. Die Bilder, die uns Weegee aus einer anderen Welt übermittelte, beunruhigen uns zutiefst. Er war ein unerschrockener, rabiater, sich selbst anpreisender Voyeur (»Der Berühmte« nannte er sich), der als Pressephotograph durch die Nächte streunte und das Leben der »Großstadtinsassen« zu seinem Thema machte. Viele seiner Bilder des Elends und der Verwahrlosung sind Studien der menschlichen Erniedrigung. Seine schärfsten Sarkasmen galten den Reichen, die er als leer und habgierig porträtiert. Seine Aufdeckung der konkreten Schrecken von Armut, Schmutz und Brutalität des Großstadtlebens – insbesondere im New York der dreißiger und vierziger Jahre – dokumentiert immer wieder, wie dieses Leben die Menschen gleichsam k.o. schlägt.

Weegee wurde 1899 als Arthur Fellig in der Donaumonarchie geboren. In seinen Anfangsjahren benutzte er den Polizeifunk, um vor der Konkurrenz am Ort des Geschehens zu sein. Das Wort »Weegee« ist eine phonetische Übertragung von »Ouija«, der Bezeichnung für jene Alphabettafel, die bei spiritistischen Sitzungen zur Vorhersage von Ereignissen benutzt wird. Er wählte diesen Namen, um damit seine geradezu unheimliche Fähigkeit zu unterstreichen, zur Stelle zu sein, wenn Berichtenswertes unmittelbar bevorstand. Die drei makabren Aufnahmen mit dem Titel *Tod eines Hausierers* dienten dem Zweck, Weegees Behauptung, er könne Ereignisse voraussehen, glaubhaft zu machen.

Keine andere Kunstform gerät so leicht in Gefahr, sinnlos zu sein, ins Leere abzustürzen, wie die Photographie. Um sich gegen diese Leere zu schützen, hüllen sich ehrgeizige Photographen in einen Mantel von Kunstwissen. Weegee aber war ein Unschuldiger, ein Naiver, der starke Gefühle beschrieb und arglos nach den unseren stach. In seiner Autobiographie *Weegee by Weegee* spricht er von der Zeit, in der er als Geiger in einem Stummfilmkino auftrat: »Ich liebte es, mit den Gefühlen der Leute zu spielen, während sie die Stummfilme betrachteten. Ich konnte sie glücklich und traurig machen. Ich kannte das gesamte Repertoire für alle nur möglichen Situationen. Ich vermute, meine Geigerei war so etwas wie eine unbewußte Vorübung für meine photographische Zukunft.«

In der Tat vermittelten seine Photos auch ohne die Untermalung durch wirkliche Musik ihren eigenen, eigenwilligen Jazz. Und er spielte sein Instrument mit einer Intensität, als wolle er das Gefühl seiner eigenen Minderwertigkeit übertönen.

Seine Photographien sind immer unmittelbar, halten das Geschehen aus dem Verborgenen heraus fest oder vergegenwärtigen die Situation unmittelbar nach dem Geschehen. Er war ein Straßenphotograph, stets auf der Suche nach dem großen Fang. Was ihn interessierte, war das Leben der Großstadt, waren Menschen bei der Arbeit, beim Spiel, im Schlaf – und im Tode, besonders wenn dieser Tod die Folge einer kriminellen Handlung war. Das sind die Kategorien, in denen er seine Bildwelt formte und zu denen er wieder und wieder zurückkehrte; sie umreißen einen Themenkreis, der nicht nur auf sein Publikum, sondern offenkundig auch auf ihn selber eine tiefe psychologische Faszination ausübte. Aber es ging ihm nicht nur darum, bemerkenswerte Zufallsbilder zu machen; es mußten zugleich Bilder mit einem durchgehend archetypischen Charakter sein. Weegees ganze Leidenschaft war darauf gerichtet, nahe an sein Material heranzukommen, den explosiven Augenblick unmittelbar auf den Film zu bannen. Nichts anderes zählte. Seine Bildersprache hat etwas Atemloses. Er arbeitete aus nächster Nähe und mit einer verzweifelten Intensität, um die Menschen möglichst unverfälscht zu erwischen. Der einzige andere Photograph von Rang, den Weegee offenbar bis zu einem gewissen Grade zur Kenntnis nahm, war Lewis Hine, dessen Werk von einer reformerischen Sozialkritik geprägt ist, die der apolitischen Haltung Weegees direkt entgegengesetzt ist. Überdies wird ihm schwerlich entgangen sein, daß Hine in erster Linie ein visueller Idealist war. In den schönen Gesichtern von Einwandererkindern oder schuftenden Arbeitern, die sich in Hines menschenfreundliche Verzückung getaucht präsentieren, ist nichts, was Weegee für seine Arbeit hätte gebrauchen können. In Weegees schäbigem, baufälligem Zirkus sind weniger Menschen bei der Arbeit zu besichtigen als vielmehr Menschen, die Straßen kehren, Grimassen schneiden oder am Ende sind.

Sein Hang zum Grellen führte ihn in Bereiche, in die nur wenige andere Photographen vorzudringen bereit waren, und gibt einigen seiner Bilder eine gnadenlose Spannung. Ein Beispiel unter hunderten: das Photo, das einen psychopathischen Polizistenmörder zeigt, der gefaßt und von denen, die ihn verhaftet haben, wüst zusammengeschlagen worden ist. Weegee photographierte ihn in dem Augenblick, als seine Personalien aufgenommen, Fingerabdrücke und Aufnahmen gemacht wurden. Der verschmutzte, erniedrigte Kriminelle steht, die Augen verquollen, fast geschlossen, mit gesenktem Kopf da. Zwei Kriminalbeamte in Zivil, den massigen Rücken der Kamera zugekehrt, lassen den Mörder klein erscheinen. Die große, unscharfe Hand eines Polizeiphotographen, der seine Kamera hält, füllt die linke obere Ecke des Bildes. Das Porträt eines Gewalttätigen, der von zwei anderen Gewalttätigen, die auf unserer Seite des Gesetzes stehen, fertiggemacht wird.

Durch den Einsatz des Blitzlichts holt Weegee in dieser Aufnahme ein leuchtendes Oval aus dem dunklen Hintergrund heraus, ein klares Zentrum, dessen Ränder verschwimmen. Dieser Effekt vermittelt dem Betrachter den Eindruck einer erregenden Nähe zum Bild. Man hat einen Augenblick lang das Gefühl, die Szene an Ort und Stelle mitzuerleben.

Weegee vermeidet es geschickt, die Bewegungen der Menschen zu isolieren. Seine Photographien – einschließlich der bei Tageslicht gemachten Aufnahmen – vermitteln ständig den Eindruck einer implizierten Bewegung. Dieses Bewegungspotential – der Ausdruck eines Gesichts zum Beispiel, der verrät, daß er sich im nächsten Augenblick ändern wird, die rhythmische Bewegung von Füßen oder die Synkopierung verschiedener Blicke – ist eine seiner darstellerischen Stärken. Es hält seine Photographien kontinuierlich am Leben. Für gewöhnlich ist auf einem Einzelphoto nur schwer auszumachen, welches die nächste Bewegung der abgebildeten Person sein wird. Das Verhalten der Menschen auf Weegees Photographien dagegen scheint instinktiv aufgeladen mit einem lebendigen, in jedem Augenblick spürbaren Reflex; oder ist es vielleicht der Photograph selbst, der diesen Reflex in das Bild hineinbringt? Auf dem Photo *Polizistenmörder* scheint die verschwommene Hand des Polizeiphotographen in Bewegung; der Kriminalbeamte, der die Fingerabdrücke genommen hat, wendet den Kopf; sein Kollege im Vordergrund hat den Mörder am Revers gepackt und wird ihn im nächsten Moment zurückstoßen; und der Schuldige selbst schließlich, der die von den Fingerabdrücken verschmierte Handfläche nach oben kehrt, ist dabei, sich aufzurichten und den Arm sinken zu lassen. Solche einsetzenden Bewegungen sind es, die den Aufnahmen Weegees unvergeßliche Schwingung und Eindringlichkeit geben.

Weegee hatte eine ästhetische Vorliebe für Kunstlicht. Er liebte die Art, wie ein Gegenstand durch den Gefriereffekt des Blitzlichts hervorgehoben und abgeflacht wird und langsam in einen sattschwarzen Hintergrund übergeht. Weegee sprach in diesem Zusammenhang von »Rembrandt-Licht«. Nur zum Teil erzielte er diese Wirkung mit Hilfe seiner Ausrüstung. Er benutzte eine 4x5 Inch Speed Graphic mit einem Synchronblitzgerät, das entweder an der Kamera befestigt oder frei in der Hand gehalten werden konnte, und arbeitete mit einer Belichtungszeit von 1/200 Sekunde bei Blende 16 und einer vorweg eingestellten Entfernung von zehn Fuß. Die hohe Verschlußgeschwindigkeit und der Synchronblitz waren ideal für Weegees Stil der ungestellten Momentaufnahme, der blitzschnelles Erfassen und reflexartiges Handeln erfordert.

Seine Bilder sind eher schnappschußartig als kompositorisch geplant. Das Blitzlicht sorgte automatisch für die Vignettierung seiner Gegenstände. Er bediente sich dieses Mittels, ohne sich zuvor Gedanken über die Komposition zu machen. Er richtete seine Kamera auf einen Vorgang, und wenn sich das Bild nicht selbst komponierte, griff er zum Vergrößerungsgerät, wählte einen Ausschnitt und rückte das Bild näher heran, indem er überflüssige Details löschte – insbesondere im Bildhintergrund, den er nicht selten tief einschwärzte. So kommt es, daß Weegees Bilder keineswegs durch eine Vielfalt der Tonnuancen gekennzeichnet sind. Was ihre Ausdrucksqualität betrifft, so erinnern sie in ihrem Verzicht auf Abtönungen und ihrer schlagkräftigen visuellen Wirkung eher an einen Holzschnitt als z. B. an eine Radierung.

Weegees spezifischer photographischer Stil ist geprägt durch den Umstand, daß seine Photos in erster Linie reproduzierbar zu sein hatten. Seine Bilder mußten das Druckverfahren überstehen, das von kleinformatigen Bildzeitungen der Boulevardpresse benutzt wurde – ein Verfahren, bei dem der grobe schwarze Rasterpunkt grau wird, wenn die Druckerschwärze von dem billigen Zeitungspapier aufgesogen wird. Überdies war es in der Zeit der Weltwirtschaftskrise schwer für einen unabhängigen Photographen, Bilder zu verkaufen, und zwar insbesondere dann, wenn er sie Zeitungen anbot, die ihre eigenen festangestellten Photographen hatten. Bildredakteure sind zuallererst Journalisten, die ein Photo nur dann kaufen, wenn es eine Nachricht auf eine für den Leser fesselnde Weise übermittelt. Weegee verbrachte lange Stunden mit Polizeireportern auf Polizeirevieren, um sofort informiert zu sein, sobald sich eine

Story abzeichnete. Er kannte genauso gut wie die Redakteure das »Was, Warum, Wie, Wo und Wer« des Journalismus und wußte nur zu gut, daß ein Photo die Story schnell vergegenwärtigen mußte – besonders dann, wenn es an die Boulevardzeitungen verhökert werden sollte, deren Schlagzeilen simplifizieren und das Sensationelle herausstreichen. Weegees Photos machen keine Konzessionen an das, was Photographen die Qualität des Abzugs nennen, oder an die Vorstellung von der »schönen« Photographie (wenngleich er später offenbar von einigen seiner besten Photos neue Abzüge herstellte, um ihnen auf diese Weise einen deutlicheren Anstrich von Kunst zu geben).

Die meisten Photographen unterscheiden sich voneinander durch stilistische Elemente, durch die vorausgeplante und für den Betrachter erkennbare Art der Komposition ihrer Bilder. Dies läßt sich von Weegee schwerlich sagen, dessen Stil durch eine Schnoddrigkeit gekennzeichnet ist, die ihresgleichen sucht. Seine Abstammung (österreichisch-jüdisch), seine Erziehung (die Straße) und sein Temperament (neurotisch unsicher) begünstigten die Ausformung einer expressionistischen Stilkomponente.

Der Einsatz der Infrarot-Photographie bei Aufklärungsflügen mit dem Zweck, einen verborgenen Feind sichtbar zu machen, ist kein Geheimnis. Aus einer ähnlichen Motivation heraus benutzte Weegee den Infrarot-Film für seine Photos von der Kaffeehaus-Society, nämlich um die Verlogenheit von Eleganz und Dünkel der sogenannten feinen Leute zu entlarven. Durch Infrarot-Licht wird das Make-up einer Frau gleichsam von ihrem Gesicht abgehoben und schwimmt wie eine Maske auf der Oberfläche der Haut. Verdeckte Pickel und jede andere vertuschte Unregelmäßigkeit werden sichtbar. Adern, die gewöhnlich verborgen sind, treten an die Oberfläche; sorgfältig gekleidete und säuberlich gekämmte Männer sehen plötzlich furcht-erregend aus, da der Film die überkronten und künstlichen Zähne in ihren grinsenden Mündern enthüllt. Darüber hinaus durchdringt das Infrarot die Haut ihrer frisch rasierten Gesichter und fördert verborgene Bartstoppeln zutage.

Für Photographen, die auf Momentaufnahmen spezialisiert sind, ist der Wunsch, aus dem Verborgenen zu arbeiten, nichts Ungewöhnliches. Ben Shahn zum Beispiel benutzte einen Sucher, mit dem er seine Objekte gleichsam um die Ecke herum anvisieren konnte. Aber er photographierte Menschen, die am hellichten Tage in aller Öffentlichkeit ihren normalen Beschäftigungen nachgingen. Weegees Voyeurismus hingegen ist unfair und hinterhältiger.

Infrarot-Bilder konnte er auch bei fast völliger Dunkelheit, in deren Schutz er sich verbarg, aufnehmen. Er durchdrang die schützende Finsternis, um noch die intimsten Geheimnisse der Menschen ans Licht zu zerren: ein ungeniert sich umarmendes Pärchen im Kino, das sich vor Beobachtern doppelt sicher wähnt, da die übrigen Zuschauer einen 3D-Film betrachten und Brillen mit gefärbten Gläsern tragen, die mit Ausnahme der Bilder auf der Leinwand alles unsichtbar machen. Oder Kinder, die, gefesselt von einem Film, in der Nase bohren oder an ihren Fingern saugen.

In warmen Sommernächten zog Weegee auch am Strand von Coney Island umher und photographierte heimlich Liebespaare beim Geschlechtsverkehr. Eine seiner außergewöhnlichsten Aufnahmen zeigt eine einsame junge Frau, die des Nachts auf dem Beobachtungsturm der Rettungsschwimmer sitzt und dem Anschein nach aufs Wasser hinausschaut. In Weegees Buch *Naked City* (in dem ihr Bild zwei anderen Aufnahmen gegenübergestellt wird, die er zur gleichen Zeit am gleichen Ort gemacht hat) erfährt man, daß unter ihrem Hochsitz Liebespaare im Sand liegen. Indem sie im Dunkeln dasitzt und den gedämpften Schreien unter sich lauscht, ist sie – nicht anders als Weegee selbst – Voyeur. Wie definiert das Lexikon Voyeurismus? Als die sexuelle Befriedigung durch das heimliche Beobachten von Geschlechtsakten. In diesen Bildern spiegelt sich Weegees ganze Boshaftigkeit wider.

Auch das Unsichere und Chaotische im Leben der Armen legt Weegee bloß. Gelegentlich fängt seine Kamera Menschen ein, die im Schatten der Häuser zur Nachtzeit in der verlassenen Stadt umherstreifen, ihr zusammengerolltes Bettzeug mit sich tragen, auf der Suche nach einem sicheren Ort zum Schlafen, um sich schließlich irgendwo hinzulegen – auf einer Bank oder in einem Ladeneingang. Oder verdreckte Kinder in jedem Alter, Jungen und Mädchen, die, zu einem wirren Bündel zusammengekauert, auf einer Feuertreppe schlafen, um die Sommerhitze in ihren verwahrlosten Behausungen nicht ertragen zu müssen. Auf einem Photo, das senkrecht von oben aufgenommen wurde, schläft ein feister, fast nackter Mann auf einer Matratze, die auf der Feuertreppe liegt. Weegees schonungslose Linse macht aus ihm ein alterndes, hilfloses Kind.

Daneben gibt es makabre Bilderfolgen wie jene, die nachts durch die Gitterstäbe der Zelle auf einem Polizeirevier geschossen wurde und einen Haufen schlafender Männer zeigt, die wie hingeworfene Säcke auf dem Fußboden liegen. Im ersten Augenblick glaubt man, in eine Zelle voller übel zugerichteter politischer Gefangener in irgendeinem Polizeistaat zu schauen. In Wahrheit handelt es sich um Betrunkene, die in der Samstagnacht ihren Rausch ausschlafen.

Gerade weil Weegee darauf angewiesen war, seine Photos zu verkaufen, um seinen Lebensunterhalt zu verdienen, kam er dem Photojournalismus so nahe, wie es bei einem Photographen nur denkbar ist. Weegee spürte instinktiv, wo eine Story für ihn in der Luft lag, die er dann mit ausgefallenen, kalt-witzigen Anmerkungen à la Raymond Chandler würzte, wie etwa »Über Morde berichten ist ein schmutziges Geschäft« (die Aufnahme zeigt ihn, wie er sich die Schuhe putzen läßt) oder »Special Delivery« [eigentlich: »per Eilboten«; hier eher: »Postwurfsendung«] (auf dem Photo sieht man eine Leiche, die unter einem Briefkasten liegt). Obgleich Weegee als Mann des Dokumentarphotos begann, gaben seine Bildunterschriften den Dokumenten, die er sammelte, nicht selten einen Akzent, der an eine gewisse Sorte von Groschenromanen erinnert. Aus dem gleichen Grunde wirken seine Bücher, für die er selber erzählerische Texte verfaßte

(*Naked City*, 1945; *Weegee's People*, 1946; *Weegee by Weegee*, 1961), wie kaltschnäuzig erfundene Märchen.

Gelegentlich bekamen seine Aufnahmen dadurch, daß er selbst einen aktiven Part am photographierten Schauplatz spielte, ein Element des grotesken Humors. Ein Beispiel dafür ist das Bild, das einen ertrunkenen Mann am Strand von Coney Island zeigt. Man sieht darauf eine dicht gedrängt stehende Menschenmenge, die gebannt zuschaut, wie die Besatzung eines Krankenwagens unter der Leitung eines Arztes Wiederbelebungsversuche macht. Neben dem auf dem Rücken liegenden Mann kniet im Badeanzug seine hübsche Begleiterin – seine Frau vielleicht oder seine Freundin. Es ist ein hoch dramatischer Augenblick. Lebt der Mann noch, oder lebt er nicht mehr? Gleichwohl wendet die Frau genau in dem Moment, da Weegee auf den Auslöser drückt, den Kopf und zeigt der Kamera ein kokettes Lächeln. Zugegeben, dies Lächeln konnte durchaus ein Zufall sein. Kein Zufall aber war die Geschmacklosigkeit oder vielmehr die menschliche Erfahrung, die ihn zur Veröffentlichung dieser Szene drängte.

Weegees Zynismus ist allgegenwärtig. Besonders ätzend wirkt er auf seiner bekanntesten Photographie. Sie trägt den Titel »Kritik« und zeigt die Begegnung zweier über und über juwelenbehängter Matronen auf ihrem Weg in die Oper mit einer sie wütend anfauchenden Stadtstreicherin. Von der Frau links im Bild, Mrs. George Washington Kavanaugh, wußte man, daß sie ihr Gesicht so oft hatte liften lassen, daß sie nicht mehr in der Lage war, ihren Ausdruck zu verändern – das Gesicht war zu einer ewig lächelnden Maske erstarrt.

In den fünfziger Jahren wandte Weegee seine Aufmerksamkeit raffinierten Verzerrungen und manipulierten photographischen Cartoons zu. Zu den gelungensten Aufnahmen dieser Art gehört eine Folge von Bildern, auf denen Chruschtschows dicker, runder Kopf für die verschiedensten Verwandlungen herhalten muß: Chruschtschow als langnasiger Franzose, als römischer Kaiser à la Disney, als aristokratisch lächelnder

Neuengländer, als russischer Bauer mit einem unnachahmlich verschlagenen Lächeln und schließlich als Eierkopf. Weegee identifizierte sich offenkundig mit dem Bauern in Chruschtschow und bewunderte sein streitbares und unkalkulierbares Verhalten in der Öffentlichkeit.

Weegee war die Verkörperung einer Betriebsnudel; er lebte auf Kosten anderer und von seiner Fähigkeit, diese anderen anzugehen und zu beschwatzen. Gleichzeitig war ihm bewußt, daß er für die gesellschaftliche oder künstlerische Elite immer ein Außenseiter sein würde. Immerhin dämmerte ihm, daß er, Weegee, durchaus zum Gegenstand der vom Exotischen provozierten Neugier dieser oberen Zehntausend werden konnte, daß er ihnen sein Banausentum auf ganz ähnliche Weise schmackhaft machen konnte, wie er ihnen seine Themen schmackhaft machte. Eine seltsame Idee vielleicht, aber eine Idee, die sehr wohl zu seinem Charakter paßte. Schließlich ist das Blitzlicht dazu da, den Gegenstand der Photographie mit einer gleißenden Helle zu übergießen; und so benutzte er es, um diejenigen, die er photographierte, in eine – wenn auch nur flüchtige, da an die Medien gebundene – Berühmtheit hineinzukatapultieren. Anders als die vielen namenlosen kleinen Ganoven, die er photographierte, gedachte er ein Täter *mit* einem Namen zu sein. Auch er selber konnte zum Gegenstand jener schamlosen Bloßstellung werden, mit der er die anderen heimsuchte. »Weegee the Famous« setzte sich als schillernder Aufschneider in Szene und machte sich zum Schoßkind der Kultur-Schickeria (Arbeiten von ihm wurden im Museum of Modern Art ausgestellt, er erhielt Aufträge von *Vogue* usw.).

Er, der unstandesgemäß in die besseren Kreise vorgedrungen war, lärmte sich mit viel Chuzpe seinen Weg als *der* Pressephotograph hinauf bis nach Hollywood – als der größte, versteht sich.

Aber nicht seiner kulturellen Leistung verdankte er seinen damaligen Ruhm, sondern allein seinem Instinkt für das Sensationelle. Nach seinem Tod im Jahre 1968 sollte noch fast ein

Jahrzehnt vergehen, bevor man sich seiner kulturellen Bedeutung bewußt wurde. Das seltsame Bemühen, das in Weegees photographischen Arbeiten sichtbar wird, hat etwas Dämonisches. Viele seiner Bilder sind moralisch zweifelhaft – und sie sind es nicht nur wegen ihrer offensichtlichen Lüsternheit oder seiner antisozialen Attitüde, ja nicht einmal wegen seiner Aufdringlichkeit, sondern in erster Linie deshalb, weil er für Geld Aufnahmen verkaufte, mit denen er die Gefühle der Menschen, die er ohne ihre Zustimmung und nicht selten sogar ohne ihr Wissen photographierte, bloßstellte und ausbeutete. Man spürt nur zu deutlich, was Weegee beabsichtigte. Schlaf, Selbstvergessenheit und Wehrlosigkeit fesselten ihn. Menschen, die unter Schock standen, Angst hatten, sich vor Schmerz krümmten oder die man zusammengeschlagen hatte, waren seine bevorzugten Objekte. Es ist, als sei ihm bewußt, daß er in dem Augenblick, da er sie – seinem Instinkt folgend – aufgestöbert hat, vor ihnen steht und ihr Bild einfängt, Macht über sie gewinnt. Sie sind unfähig, sein Tun zu verhindern. Seine Opfer sind in diesem Augenblick die in jeder Hinsicht verwundbarsten Menschen, die sich vorstellen lassen – in den letzten Zügen liegend, von Schmerz gepeinigt, vollkommen hilflos. Das ist es, was Weegees Werk so erbarmungslos macht.

Es präsentiert sich mit der ihm eigenen, ganz und gar ungebetenen Bewußtheit und realisiert so, was zahllose Photographen zwar für ihr Medium in Anspruch nehmen, was aber nur selten eingelöst wird: die Rhetorik der Demaskierung.

Weegee steht in einer sehr amerikanischen Phototradition mit seinem Bemühen, *es so zu zeigen, wie es ist*. Die Radikalität jedoch, mit der er diese Entlarvungsrhetorik zu praktizieren bereit war, macht den Betrachter zwangsläufig zum Komplizen. Einen typischen Weegee anschauen heißt, den Einsatz im photographischen Poker beträchtlich erhöhen – und zwar in emotioneller wie in moralischer Hinsicht. Diane Arbus, die ihm zweifellos viel verdankt, läßt uns heute jenen selbstanklägerischen Schauer wahrnehmen, den Weegee als erster erforschen sollte.

Gestatten wir dem Photographen erst einmal in aller Öffentlichkeit, in das Leben anderer Menschen einzudringen, so können wir schwerlich gegen den Eifer protestieren, mit dem er eben dieses Geschäft betreibt – und wir können es um so weniger tun, als er es ohne jede Heuchelei betreibt.

Das journalistische Element in Weegees Arbeiten vermischt sich, wie gesagt, mit seiner expressionistischen Absicht. Es gibt eine Reihe von Photojournalisten, die sich in ähnlicher Weise auf den kritischen Augenblick konzentrieren und das Bild vereinfachen, um es aussagekräftiger zu machen. Es könnte indessen sein, daß wir es bei Weegee im Grunde gar nicht mit einem Photojournalisten zu tun haben, sondern mit einem Photographen, der – bewußt oder unbewußt – den Photojournalismus als Vorwand benutzt. Innerhalb seines Gesamtwerks ist ein weiter Bereich auszumachen, in dem Weegee keineswegs der distanzierte Profi der Reportage ist.

Weegee war sich darüber im klaren, daß das, was er tat, betrügerisch und illegal war. Gerade das erregte ihn, und darin liegt der Widerspruch zu seiner scheinbar eiskalten Bereitschaft, entsetzliche Szenen zu betrachten und sie ohne ein sichtbares Zeichen der Betroffenheit passiv in sich aufzunehmen.

Einerseits waren seine Bilder für ihn nicht mehr und nicht weniger als grausige Stilleben. Auf der anderen Seite verleiht aber gerade der Umstand, daß er um seiner Selbstbefriedigung willen auf der Vergegenwärtigung dieser gespenstischen Augenblicke beharrt, seinen Bildern ihre außergewöhnliche Wirkung. Und schließlich hebt unser Wissen um die Erregtheit Weegees diese Bilder eines scheinbar banalen Schreckens auf die Ebene eines artistischen Grauens, das im Stande ist, uns zu bewegen. Weegee entschuldigt sich nicht. Dieser Privatdetektiv war von einer rotzigen Abgebrühtheit, die selten ist. Das ist seine Faszination.

Weegee am Kofferraum seines Chevrolet, 1942

WABASH
PHOTOLAMPS

YOUNG AND GAY"
DIANA LYNN
AT LOEW'S

HOUSE

1943

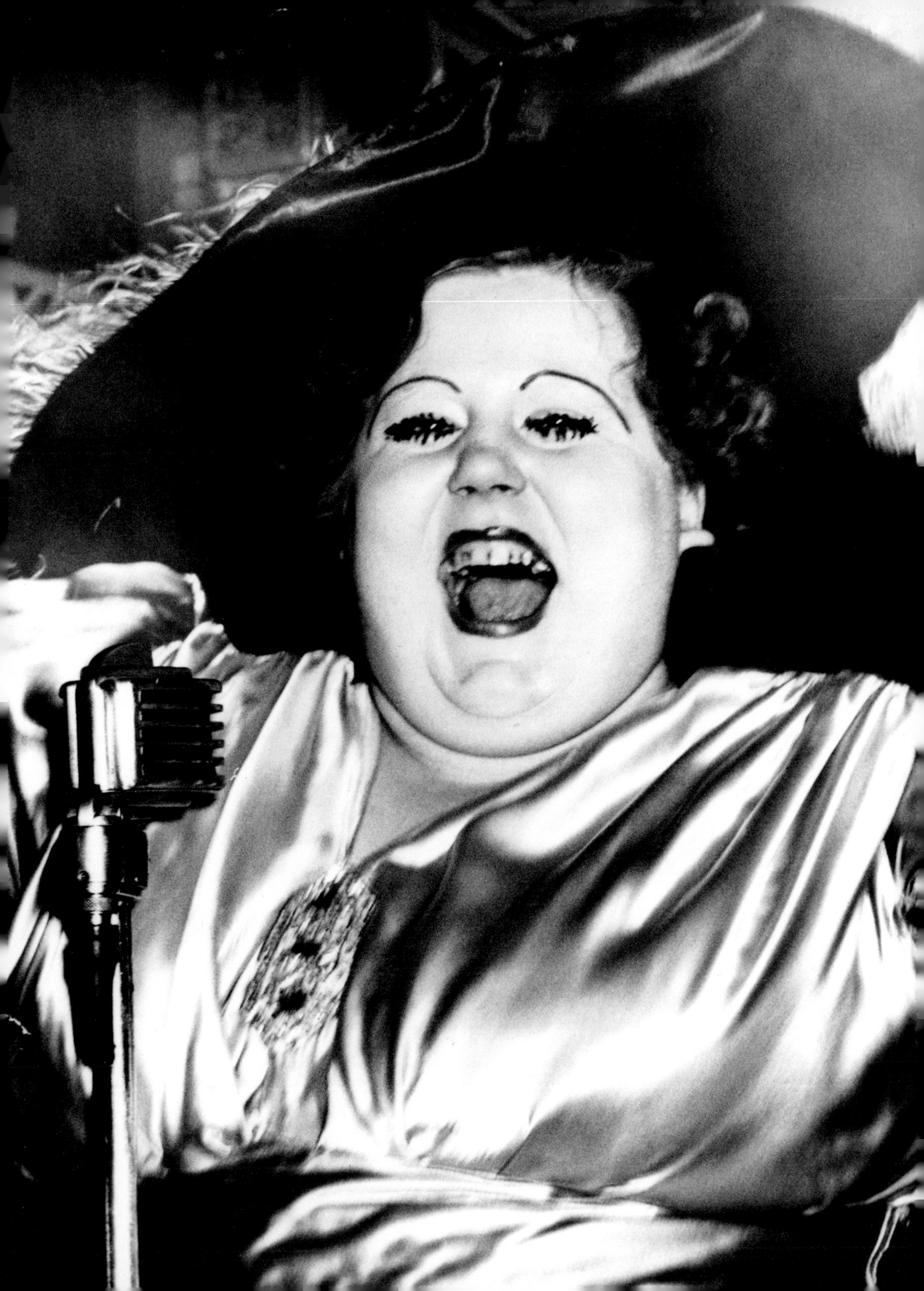

SHED HOUSE
HORACE WATERS & CO.
NEW YORK.

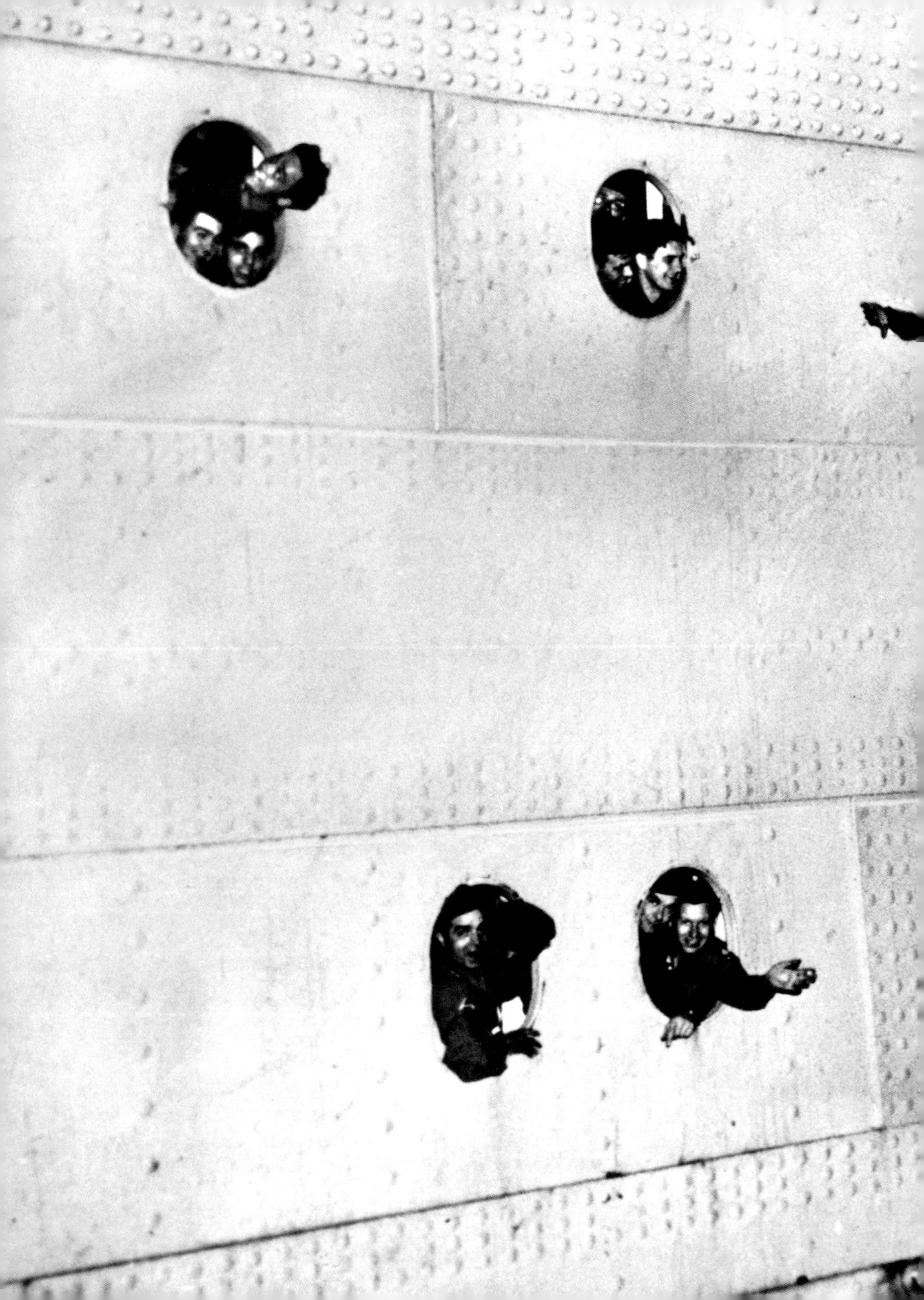

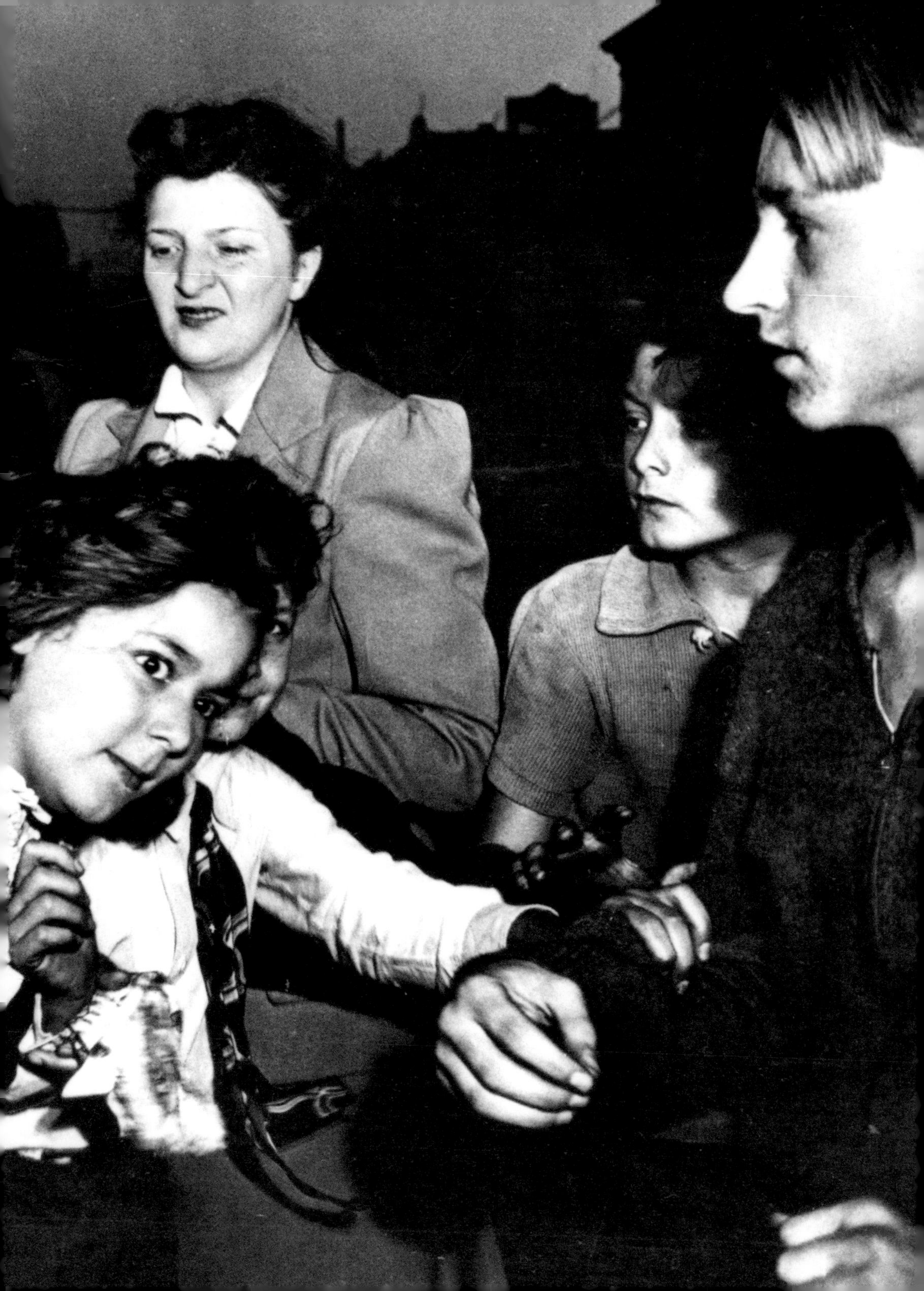

HEAD

6
5
4
3
2
1
6
11
10
9
8
7
6
5
4
3
2
1
5
11
10
9
8
7

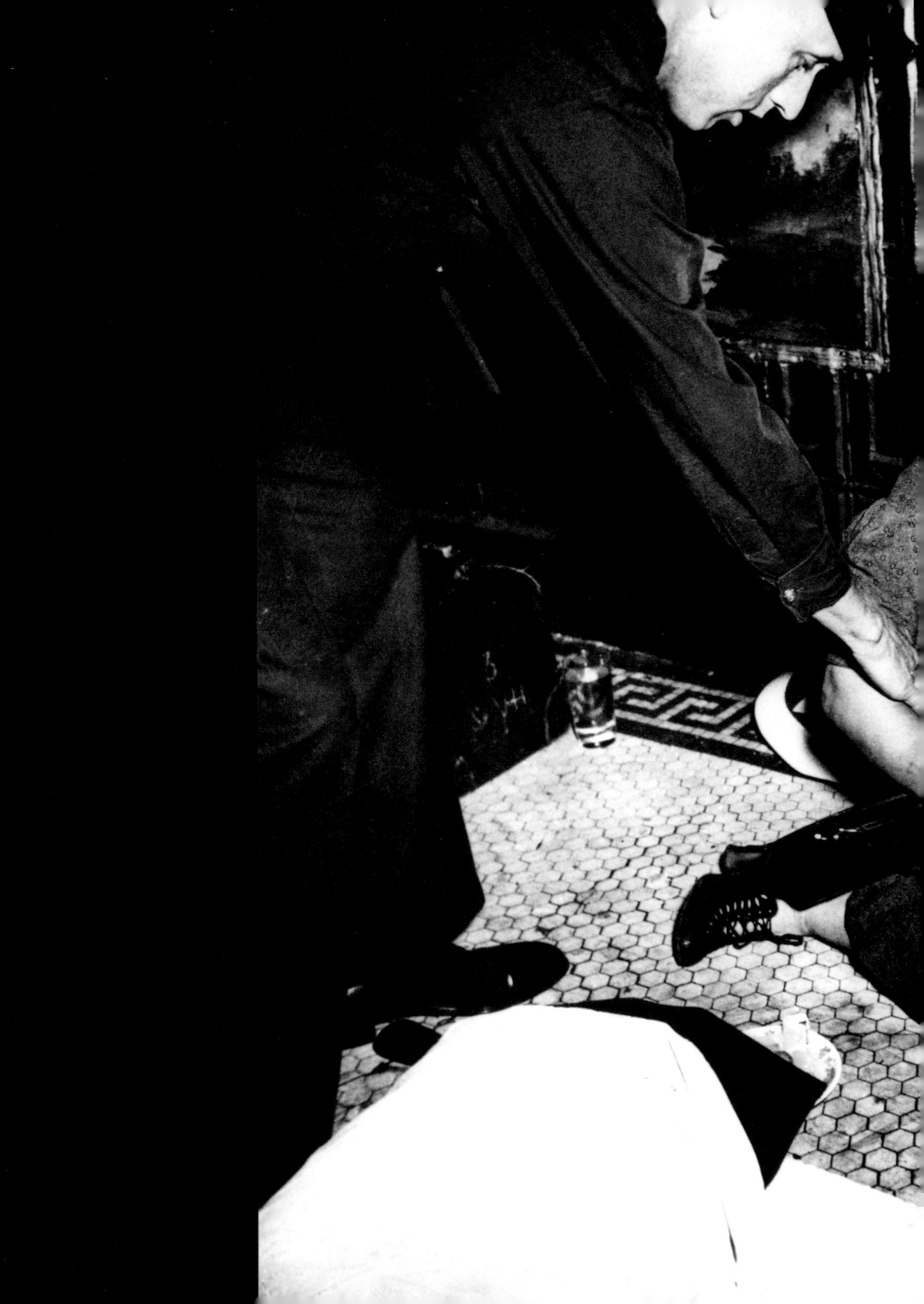

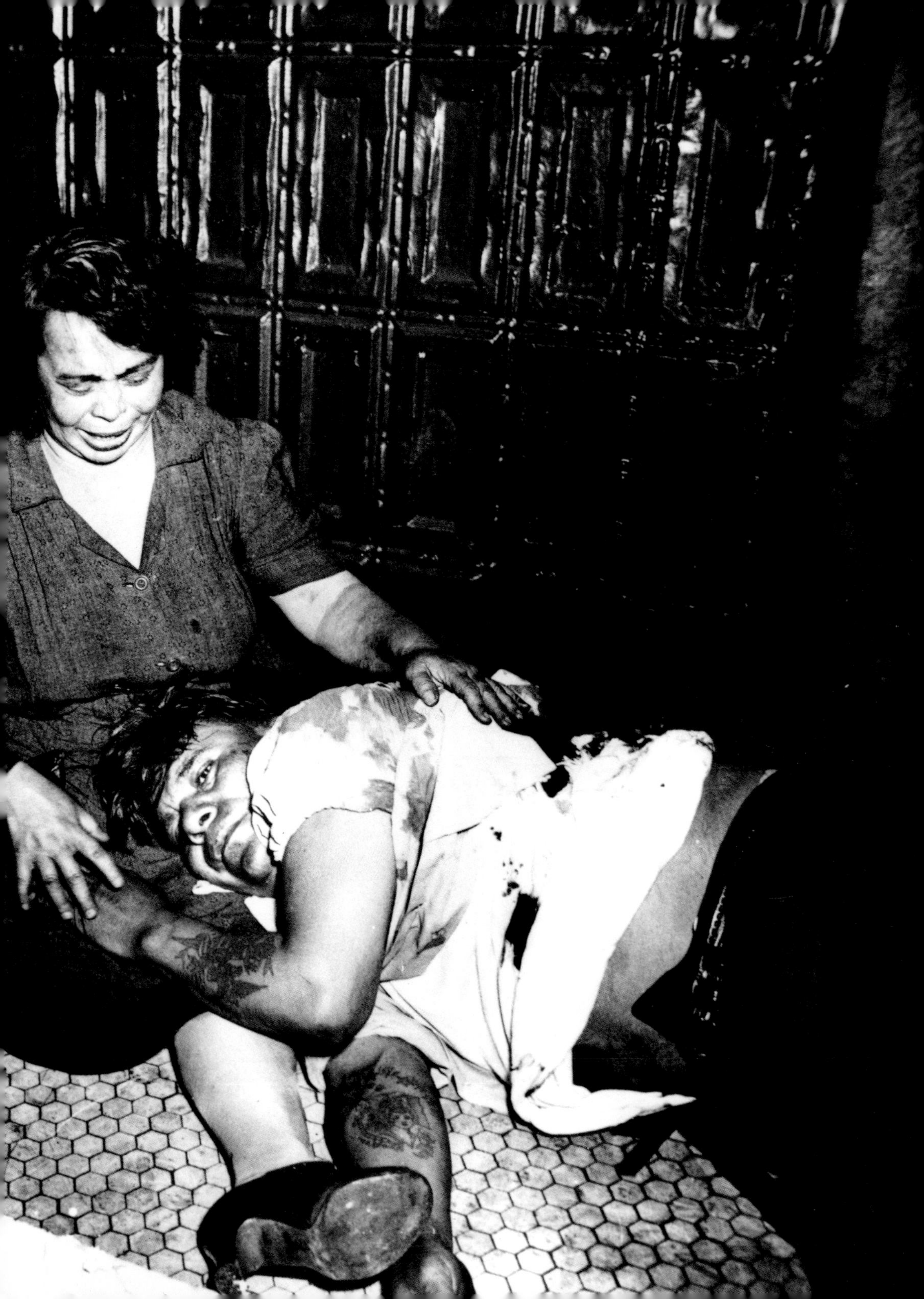

HYGRADE
all Beef
FRANKFURTERS
AT ALL
Leading
FOOD STORES
PRODUCTS CO.
SIMPLY ADD BOILING WATER
AMEKO
PRODUCTS

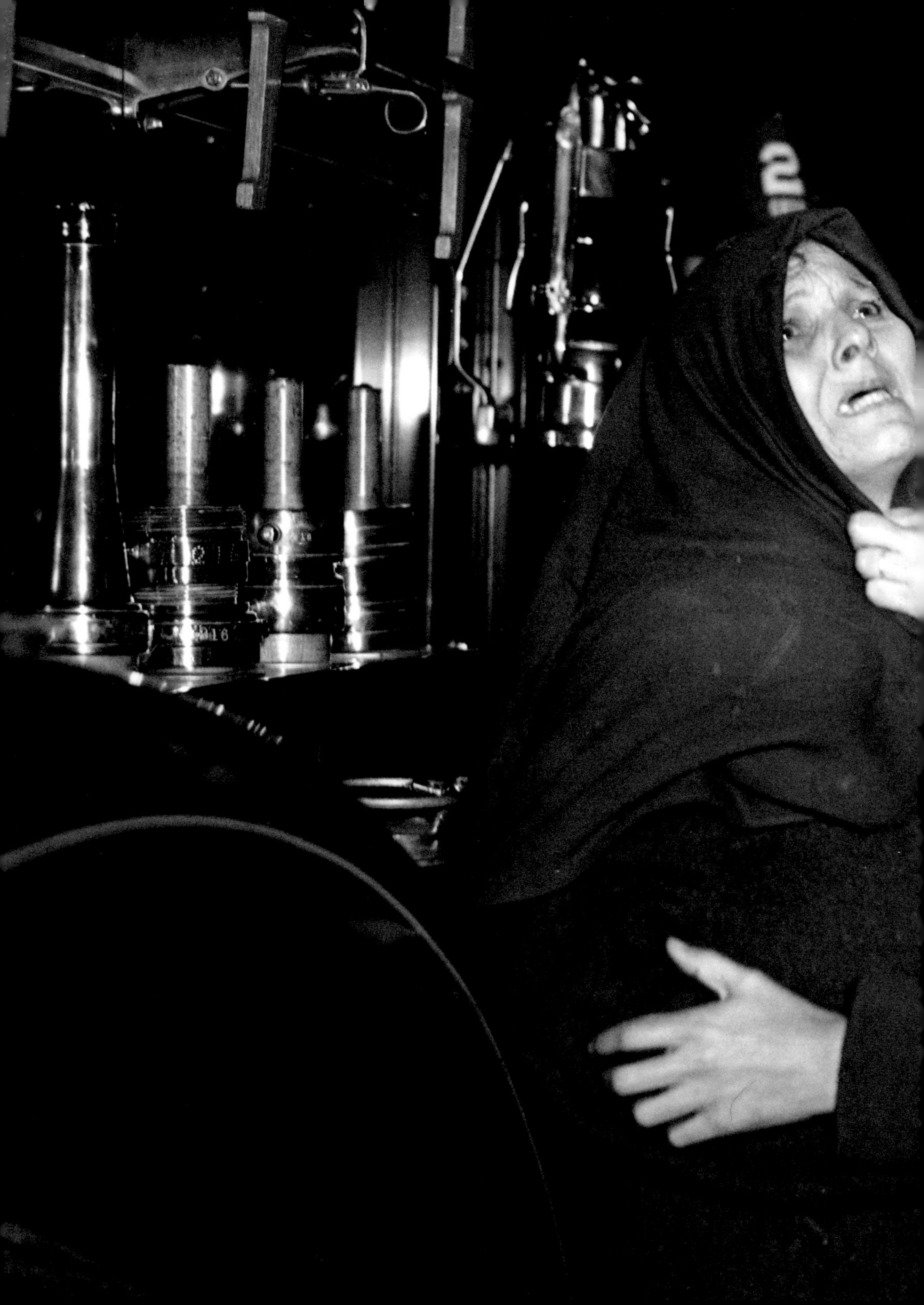

POLICE
NEW YORK CITY
Nº 4
RECEPTION HOSPITAL

COOKS

SPEED GRAPHIC

Biographie

1899 Weegee wird am 12. Juni unter dem Namen Usher (später »Arthur«) H. Fellig im damals österreichischen, heute polnischen Zloczew geboren.

1910 Auswanderung in die Vereinigten Staaten. Die Familie lebt in ärmlichen Verhältnissen in New York.

1910-1913 Besuch einer staatlichen Schule, die er mit vierzehn Jahren verläßt, um zum Lebensunterhalt der Familie beizutragen. Er versucht sich als Straßenphotograph, arbeitet bei einem Photohändler, macht Aufnahmen von Kindern auf einem gemieteten Pony.

1914-1924 Mit achtzehn verläßt er die Familie, wohnt in Obdachlosenheimen, lebt von Gelegenheitsjobs und arbeitet drei Jahre lang als Paßbildphotograph.

1924 Er wird Mitarbeiter von Acme Newspictures (United Press International Photos),wo er hauptsächlich in der Dunkelkammer zu tun hat, allerdings in Notfällen – meist nachts – als Pressephotograph einspringt. Nebenher nimmt er Geigenunterricht und verdient zusätzlich etwas Geld als Begleiter einer Pianistin in einem Stummfilmkino an der Third Avenue.

1935 Er verläßt den Acme-Bilderdienst und arbeitet freiberuflich unter seinem richtigen Namen Arthur Fellig bei den Manhattan Police Headquarters. An seinem privaten Radio hört er die Notrufe der Polizei ab und spezialisiert sich auf Photos von nächtlichen Verkehrsunfällen, Bränden und Gewaltverbrechen, insbesondere auf Gangster-Liquidierungen durch die sog. Murder Inc., für die Boulevardpresse.

1938 Weegee erhält die offizielle Genehmigung, ein Polizeifunkgerät in seinem Auto zu installieren – ein Privileg, das kein anderer Pressephotograph genießt und ihm den entscheidenden Vorsprung vor Konkurrenten und manchmal sogar vor der Polizei selbst sichert. Nach eigenen Angaben macht er während seiner zehnjährigen

Arbeit in den Polizeirevieren rund 5000 Photoreportagen von Mordfällen und verschleißt dabei zehn Pressekameras und fünf Autos.

1940 Er legt sich den Namen Weegee zu, eine phonetische Übertragung des Wortes »Ouija«, das eine Alphabettafel bezeichnet, mit der sich angeblich zukünftige Ereignisse voraussagen lassen.
Ende des Jahres schließt er einen Exklusiv-Vertrag mit dem neugegründeten Boulevardblatt *P.M.* ab.
Ab Mitte der vierziger Jahre stempelt er seine Photos mit »Weegee the Famous«.

1945 Weegees erstes Buch, *Naked City*, erscheint und wird über Nacht zum Bestseller. *Vogue* nimmt ihn unter Vertrag, und das Museum of Modern Art erwirbt einige seiner Photographien.
Hollywood kauft die Filmrechte an *Naked City*.

1946 Das zweite Buch, *Weegee's People*, erscheint.

1947 Er zieht von New York nach Hollywood, um als Berater bei den Dreharbeiten zu *Naked City* mitzuwirken; der Film wird mit einem Academy Award ausgezeichnet.
Nebenbei spielt er in einigen Filmen kleinere Rollen und sammelt Material für sein nächstes Buch, *Naked Hollywood*, das 1953 erscheint.

1952 Er kehrt nach New York zurück, beginnt mit seinen photographischen Karikaturen von Staatsmännern und Berühmtheiten aus dem Show Business.

1956 Heirat mit Wilma Wilcox.
In den folgenden Jahren reist er viel und arbeitet in Paris, Deutschland, Belgien, Rußland und London (für den *Daily Mirror*) an den verschiedensten Projekten, die nicht nur mit Photographie zu tun haben: u.a. an Filmen, Vortragsreihen und Buchpublikationen.

1968 Weegee stirbt am 26. Dezember in New York.

New York City, um 1940

Brezn-Mann, 1940
Mundharmonika-Spieler, um 1942

Gemüsehändler, 1946
Transvestit in der grünen Minna, um 1940

Mann mit Bettzeug, um 1940

Nachtasyl, Ende der 30er Jahre

Betrunkener in der Bowery

Kritik (an Mrs. George Washington Kavanaugh und Lady Peel), 1943

Sänger der Metropolitan Opera bei einer Probe, 1943

Zylinderhüte vor der Metropolitan Opera, 1943

Premiere, Metropolitan Opera, 1943
Ostersonntag in Harlem, 1940

Der Schüchterne
Sparstrumpf – in der Bowery, um 1944

Neujahr bei Sammy's in der Bowery, 1943
Norma bei Sammy's in der Bowery, um 1945

Matrose und Sängerin, um 1941
G.I. und Frau im Vergnügungspark, um 1942

Soldatenheimkehr, 1945

Sommer in der Lower East Side, 1937

»Made in USA«, 1942
Kinder auf der Feuertreppe, 1938

In einem Kino am Times Square, um 1940 (Infrarot-Aufnahme)

Ihr erster Mord, um 1936

Lageskizze von Kopf und Füßen eines Getöteten
Leiche mit Revolver, um 1940

Polizistenmörder, 1939

Verhaftung, 1947
Ihr Mann wurde ermordet, um 1941

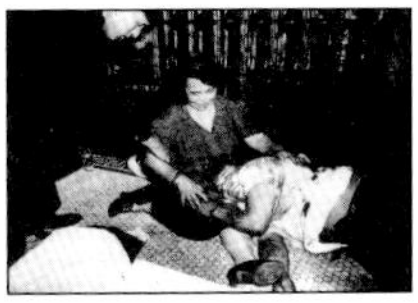

Ihr verwundeter Mann, wird wegen Mordes an einem Familienmitglied verhaftet, 1938

Verkehrsunfall, um 1938

Vor dem Feuer geflüchtete Mieter, 1943
»Simply add boiling water«

Feuer in Harlem – ihre Kinder sind noch in dem brennenden Haus, 1942

Bergung, um 1938
Das Ende einer Spritztour, 1941

Coney Island am 28. Juli 1940 um vier Uhr nachmittags

Marilyn Monroe, um 1960
Weegee mit der Speed Graphic, 1942 (Photograph unbekannt)

Ausgewählte Bibliographie

Bücher von Weegee

Naked City, New York 1945.
Weegee's People, New York 1946.
Naked Hollywood, New York 1953.
Weegee's Secrets of Shooting with Photo Flash (zus. mit Mel Harris), New York 1953.
Weegee by Weegee, New York 1961.
Weegee's Creative Photography (zus. mit Gerry Sheck), London1964.

Filme von Weegee

Weegee's New York, 1948, 16 mm, 20 Min., Farbe, Ton.
The Idiot Box, um 1965, 16 mm, 5 Min., Schwarzweiß, ohne Ton.
Cocktail Party, um 1950, 16 mm, 5 Min., Schwarzweiß, ohne Ton.

Bücher über Weegee

Stettner, Louis: *Weegee*, New York 1977.
Weegee – Täter und Opfer, 85 Photographien. Mit einem Text von John Coplans, München 1978.
Weegee's New York. 335 Photographien 1935–1960. Mit einem autobiographischen Text, München 1982/1996.

Artikel über Weegee

Blumenfeld, Harold: »Weegee the Photographer Dies; Chronicled Life in Naked City«, in *New York Times*, 27. Dez. 1968 (Nachruf mit Abbildungen).
Fondiller, Harvey/Rothschild, Norman/Vestal, David: »Weegee, a Lens of Life 1899-1968«, in: *Popular Photography*, New York, Bd. 64, Nr. 4, S. 93-100, April 1969 (mit Abbildungen).
Berg, Gretchen: »Naked Weegee«, in: *Photograph*, New York, Bd. 1, Nr. 1, S. 1-4; 26-28. Sommer 1976 (Interview 1965).
Westerbeck, Colin: »Night Light: Brassaï and Weegee«, in: *Artforum*, New York, Bd. I5, Nr. 4, S. 34-45, Dez. 1976 (mit Abbildungen).
Goldman, Judith: »Weegee the Famous«, in: *Quest/77*, New York, Bd. 1, Nr. 4, S. 69-74, Sept./Okt. 1977 (mit Abbildungen).
Coplans, John: »Weegee the Famous«, in: *Art in America*, New York, Bd. 65, Nr. 5, S. 37-41, Sept./Okt. 1977 (mit Abbildungen).
Quindlen, Anna: »He was There«, in *New York Times Magazine*, S. 40-43, 11. Sept. 1977.
Lifson, Ben: »Weegee: Acquainted with the Night«, in: *Village Voice*, New York, S. 101, 24. Okt. 1977.